AF617605

nomeolvides

Eva
Pérez
Fernández

nomeolvides

PRIMERA EDICIÓN: noviembre, 2024

Sagunt, 68 · 08912 Badalona
Tel. 93 168 01 87
info@parnassediciones.com

MAQUETACIÓN: Team Parnass
DISEÑO DE CUBIERTA: RiüsLab
ILUSTRACIÓN CUBIERTA: Freepik
DIBUJO: de la autora
IMPRESIÓN: Podiprint

ISBN: 978-84-129114-1-1
DEPÓSITO LEGAL: B 18483-2024

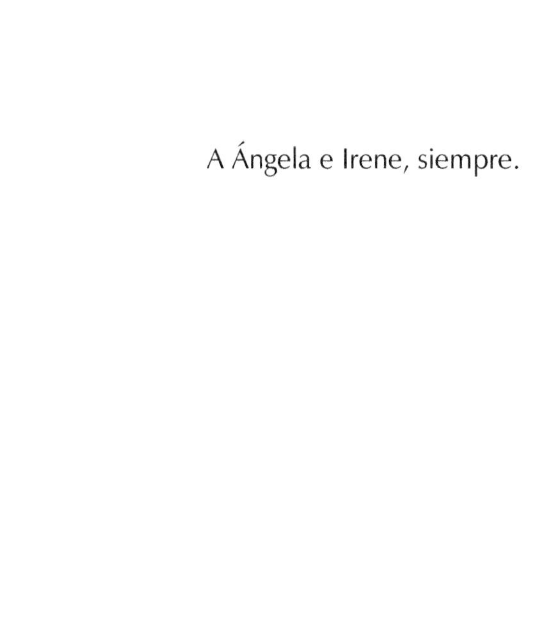

A Ángela e Irene, siempre.

Remember me!, Remember!

Querido Lector:

Remember me!, remember! Grita la autora, porque, si no es así, a dónde va ahora el amor sin tiempo ni modo después de haber sido entregado. Espérame, lector, y guárdame en tu pecho anidado, dice. Apaga luces, enciende sueños y con los ojos cierra el alma en esta noche eterna de memorias y sombras, siempre esperando: soledad.

Y presume de una soledad acompañada, a la vez que te insinúa: en la comisura de la vida, búscame. Entonces hay días que se visten de azul, azul tú. Entonces, le alcanza la melancolía femenina haciendo noches los días y poniendo a cada sentimiento su color, sonrisa a su dolor y puntos suspensivos a su final, como a los tuyos.

Lleva vidas aguardándote, con la curiosidad de ver lo que existe después de ti. Pero el día llega sin avisar y, allí, donde acaba el sueño y comienza el mundo, allí, nace su olvido. Por eso te sueña, con apenas tres lágrimas, en esta noche que no acaba de ser noche, por eso duele el recuerdo...

Quiere pedirte que te quedes un tiempo, una vida, que la ames como si se hubiese ido, sin castigarla con el olvido. Le gusta soñar: ojalá, y, en estas letras, lo que sea que te encuentre, sea mejor de lo que ya conociste.

No abras los ojos, ha soñado tus manos, en este otoño que cruje bajo el viento de sus suelas, sin preocuparse del mañana. Estaba en casa, absorta en las quejas de la lluvia y las puertas encerradas al mundo, y en eso, entraste tú, con el libro entre tus sueños y susurrando... «nomeolvides».

Sigue leyendo, para saber dónde estuviste antes, porque anochece en los versos que envuelven el perfume que desprende tu horizonte, y ella te piensa... «nomeolvides».

Érase una vez... con la ausencia pegada al pecho y unos sueños a los que llegar tarde. La soledad se le revela dentro y la increpa con sus versos más tristes: ya lloró por todos. Entonces, corre, olvidada bajo el mar, en unas aguas que nunca le complacieron, respirando el eterno silencio de los sueños que huyeron de sí ¿O fuiste tú, lector? Y ahora tú y ella, como la vida, tenéis una relación de confianza: no se olvida de ella, nunca le abandona.

A Eva le duele la vida. Y se inventa pequeña, se abraza sin prisa y se hace silencio. Tiene miedo de quedarse a solas con la soledad, pero, ¿qué culpa tiene su soledad de que le guste viajar sola? No hay poema ni deseo perenne que pueda devolverle el amor. Por eso, visita la última estrofa de su vida, y, en el borde de su sueño, hay un besarse despierto en un deseo, esperando ser abrazada. «Nomeolvides».

Ve el rostro del amor que se va apagando, y el amor se adivina escondido en el verso. Atrapa el recuerdo que nace inmortal y descansa su soledad en el viento con medio verso habitando su boca... Y se permite soñar. No tiene nada, y amanece con una necesidad de olvido, aunque te piensa al abrigo de su corazón, donde guarda las cosas que le importan, al tiempo que hay una luna reflejada, y creyó que la luna era suya, y ahora está sola.

Por eso te inventa cada noche, te inventa en un beso, amaneciendo en el mar donde solo hay un sol que mitiga el silencio, donde le surge un verso que te busca en el aire, en la luna roja, en las aguas templadas... Y busca, y dibuja una ventana para que no tengas miedo, si aún ves la primavera creciendo en ti. Y bebe las lágrimas que rebosan, porque eres poesía, y a lo lejos: el olvido, ardiendo en tu beso.

Atesora cada anochecer, viviendo que ya no estás a su lado, pero mañana te convertirá en promesa, preguntándose siempre:

qué fue antes de ser olvido, qué hay de ella y de ti, olvidándoos en la memoria, «nomeolvides», «nomeolvides».

La voz del silencio la sacude. Cierra los ojos, soñando azules y escribiendo voladuras que terminan en ti, como este poemario. Entonces, las voces te preguntan: ¿dónde está tu vida, o es ella en cada verso?

La oscuridad os separa, o los versos que faltan, y se pregunta quién leerá sus silencios. Desaparece del sueño, sigue diciendo. Ojalá pudiera hacer de la alegría sus días y del poema su cuerpo... la soledad.

El tiempo que la envuelve yace dormido, el resto es olvido, y se adentra en la noche, para buscarte sin conocer sosiego, o amando tus silencios, hasta perderse en el azul del «nomeolvides», que se lleve su sueño en un beso del que no sabe despertar.

Oh, olvido... quiero verte: «nomeolvides», dice la autora. Y así te llama desde el corazón de cada verso, o con su pensamiento onírico y poético... Remember me!, remember!

DONATO-MIGUEL GÓMEZ ARCE

Porque la vida duele

Conocí a Eva hace unos tres años, en plena pandemia, cuando un autor, y primo suyo, me instó a leer sus poemas. Y decir conocer es mucho, porque en realidad Eva y yo nunca nos hemos visto cara a cara, y no hemos hablado más allá del ámbito virtual.

Ante recomendaciones de parientes, yo siempre desconfío, ya que por cariño tendemos a ver los méritos amplificados y somos poco objetivos, pero con Eva no fue así. Sus poemas me impactaron, me llegaron al alma y al corazón, me emocionaron. Así que, la suerte estaba echada, publiqué su primer libro *Los paisajes de mi piel*, con el que Eva, lectora empedernida, poeta recóndita y asidua a lecturas y tertulias en Burgos, salió de su refugio de palabras y se dio a conocer.

Con *nomeolvides*, Eva ya ha cogido carrerilla y se encamina a una profundidad poética que poco a poco ha ido aflorando, ha pulido sus versos y ha ceñido las palabras a los pensamientos que afloran en el alma poética de la autora, sin sobresaltos y sintetizando, porque en la poesía no hay que derrochar, hay que ceñirse a lo esencial, a la palabra justa, sin olvidar lo estético.

La poesía de Eva está entregada desde el alma, desde la emoción. Conserva una pureza innata que conmueve, porque con este combinar de palabra y emoción nos transporta a paisajes que nos son habituales, son nuestros y reconocemos, pero ella los sabe expresar y nos los entrega.

A Eva le duele la vida, como nos duele a todos, y así se hace poema; se hace camino para mostrarnos y se hace palabra para sentirnos. Cuando ella recoge los versos, los devuelve y los transforma en impresiones del alma. Y, porque la vida duele, agradecemos el don que tienen algunos para justificar ese dolor, para acariciarlo y mostrarlo, aunque solo en parte, porque ese don de la palabra sirve para ocultar desdichas y entregar lo bello, lo más puro. Como la vida sigue doliendo, esperamos que el olvido amortigüe ese dolor, de ahí que cuando ella pide que no la olviden, en realidad quiera decir que ella sí quiere olvidar y que cada uno siga sus propias rutas vitales. De todos modos, lo que Eva desea profundamente es «hacer de la alegría mis días y del poema mi cuerpo», como todos nosotros anhelamos, aunque no sepamos expresarlo tan bien. Por eso seguimos necesitando los poemas de Eva, para que la vida deje de doler.

AMALIA SANCHÍS

El primer beso

Hubo un primer paseo al que llegaste
Acompañada por nadie en el silencio
Sobre un camino de flores repentinas
Que frescas surgieron en la mañana
Y en la noche se abrieron para ti
Como magnolias blancas en tus labios

Y alumbraste el color de nuevos prados
Coronados por brotes amarillos
Espigados por tu imaginación
Y dejaste reposar sobre tu hombro
El sincero amor que te ofreció
Y quedaste elevada por el viento

Limpia como una flor recién cortada
Suave como el tacto de los sueños
Lenta como la tarde del amor
Y respiraste hondo y sonreíste
Hasta alcanzar el canto de tu vida
Y el beso primordial que te entregó

JORGE DOT

Ya somos el olvido que seremos.

JORGE LUIS BORGES

a Emilio

A DÓNDE van
las preguntas que nacen
de tus ojos y mueren en mí.

Será que quedan
suspendidas sus respuestas
en esperas eternas.

Será que llueven
sobre los cristales abiertos
como gotas que lloran
queriendo huir.

A dónde va
el silencio interrumpido
por el quehacer médico,
las medias voces detenidas
o el susurro de la máquina del café.

A dónde
el alma de tu cuerpo que parte
codiciando un recuerdo
que escape al olvido.

A dónde ahora
el amor sin tiempo ni modo
de haber sido entregado.

Si se van
el calor de tu mirada y tu mano,
tu aliento tras la utopía de tu paso,

a dónde van.

HAY DISTANCIAS tan cortas
como difíciles de recorrer

y la misma vida
que se aleja indolente de un cuerpo
es la que me hace soñar,
aunque me sepa a poco su beso.

BÚSCAME en el séptimo
donde el cielo se abre al infinito
y las ganas se pegan a la vida.

Sube hasta mi nostalgia
y abraza el rumor de mis silencios
con tus apetitos militantes
y tus besos desconchados
hasta que salvemos al mundo del olvido
y encontremos el equilibrio
entre la tristeza por las ausencias
y la horizontalidad de nuestro deseo.

Espérame
y guárdame en tu pecho anidado.

CUIDEN del fuerte
pues no es isla desierta
donde la lengua más hablada sea el silencio.

Condenado a esconder el cansancio
y asumir sus tormentos en soledad,
llega a cada ocaso harto de andar caminos
y encontrar ausencias
buscando un refugio en el que hacer hogar,
olvidar la memoria,
perdonar el olvido
y enterrar los miedos.

Vuelca su sensibilidad en unos versos
que llueven desde una esquina del papel
hasta la rúbrica anónima de su deseo.

Firma la paz con sus fantasmas.
Ahora ellos descansan tranquilos entre las sábanas
y él sueña feliz bajo la cama.

Apaga luces,
enciende sueños
y con los ojos cierra el alma
en esta noche eterna
de memorias y sombras.

ME DIVIERTO columpiándome en tu pensamiento,
tan callado,
tan ausente

y te sonrío
desde este temor ineludible
a convertirme en abandono de tu palabra
tan directa,
tan discreta

y huyo de ti
como huye el sol de la luna,
siempre a la espera del próximo regreso,

siempre esperando.

DE PASEO por las nubes
me viene a la memoria tu recuerdo,
infinito como un día bajo lluvia
y triste por huérfano de flores.

Se cruza una fugaz en mi campo
y tengo el arresto de pedirle un deseo

: soledad

Cambio de estación
por otra que no acentúe tanto mis carencias
y me pregunto si el silencio ha sido estéril
o me ha hecho la mejor versión de mis sueños.

PRESUMO de una soledad acompañada,
de una melancolía feliz,
de cosas que aún no conozco.

Nazco en las curvas maternales
de mis letras.

Desnudo el alma
al tiempo que fantaseo caminando
por versos que enumero.

Mía es la soledad
envuelta en dolor que se hace huésped,
la que nace en la noche, tan callada
y amamanta las lágrimas que parten.

Búscame
en los versos que zozobran en el infinito,
en las palabras que aún no he escrito,
en la lluvia que te alcanza al acabar el día.

En la comisura de la vida búscame.

HAY DÍAS que se visten de azul

azul el cielo,
azul tu mirada,
azul los sueños,
azul el alma,

azul el agua
que ensordece el eco del silencio que precede a tu palabra,

azul la noche,
azul la sábana
que abriga el deseo que mi cuerpo encarna,
azul esperanza,
azul vida,

azul tú.

Qué es sino entender el azul
haber experimentado el dolor,
la pena,
el calvario,
toda la desesperación contenida en una herida
y conocer el cielo,
el mar.

ADOLEZCO de esas noches en las que la luna,
desnuda y provocativa en sus curvas
y con la urgencia que conlleva desaparecer horas,
me acaricia los pechos
y se burla obscena de mis prejuicios.

Se acuesta atrevida en mi alma
y rescata los versos fallecidos,
esos que aún no te he dado
y se ahogan en madrugadas olvidadas.

Me alcanza la melancolía femenina
haciendo noches los días
y poniendo a cada sentimiento su color,
sonrisa a su dolor
y puntos suspensivos a su final.

LLEVO VIDAS aguardándote
y ahora que tengo tus ojos
a un suspiro de distancia
y tu deseo ardiendo en mi vientre,
muerdo mi labio disipando oscuridades.

Enmarco con mis manos tu rostro
y lloro hacia dentro,
como solo sabemos hacer los que amamos.

La dicha cuelga de mi pecho
como máxima recompensa
mientras el tiempo avanza en procesión.

Cruzamos los pasos que nos separan
de la última calle,
sin tomar palabra,
sin saber cómo se hace una despedida
que recién acaba de encontrarse.

'Vete, o te llevo conmigo'.

Quizás sea mejor que me vaya,
como lo hacen los extraños que aparecen
y de pronto se van

: yo conmigo
y el callado dolor del amor mío.

TENDRÍAMOS QUE ESTAR siempre
camino del olvido
para a él poder llegar.

Corren los días de un mes cualquiera
y estoy cansada del aburrimiento
y de ovejas perdidas que balan sin juicio,
de melancolías sin tregua,
de parir mi dolor en cocinas ajenas
y de ti
también estoy gastada.

No me apetece morir olvidada
y sucia entre tantos meados sin nombre
y me voy
a recorrer atardeceres
con mi petate de sueños a la espalda
y en el corazón
el daño de tu nombre.

Voy a atravesar el río, las nubes
hasta llegar al cielo
en una ascensión delirante.

Cuando sienta mis piernas difusas,
descansaré
y cuando vuelva a desear levantarme,
lo haré
con la curiosidad de ver lo que existe

después de ti.

RECUESTO mi corazón
con la mejilla pegada al frío nombre que me habita.

Desaparezco
entre las plumas que dan forma a mi abrigo
al ritmo de la nueva noche que se hace

y estoy despierta.

La vida discurre ante mis ojos,
parpadeante y lúcida
hacia un mañana
o hacia ninguna parte.

Nos miramos con complicidad
y el sol amanece por mi escote.

El día llega sin avisar
y allí,
donde acaba el sueño
y comienza el mundo,
allí

nace mi olvido.

ANDO CON EL ALMA alborotada,
con la sonrisa en la mirada y
una pequeña pena que le acompaña.

Hay noches en las que la melancolía
me invade y lloro como una niña
y otras
en las que le doy la mano al cariño
y canto como una loca.

No soy perfecta,
ni grande como lo es un mundo,
pero sí soy la mujer que siempre quise ser

sensible
independiente
y libre.

TE SUEÑO con apenas tres lágrimas
en esta noche que no acaba de ser noche

y nada temo
cuando es el perfume de tu distancia
quien me acaricia con dulzura el alma.

Mis ojos se llenan de tiempos equivocados
y mi boca de lamentos no dichos

y en el abrazo de la oscuridad
se duerme mi pena
que se enreda con los besos funerarios
y el olvido que no te he dado.

DUELE EL RECUERDO en la carne
estéril de horas de dicha,

la mañana
y esquivar un sol que caldea piel ajena,

la luna
y hasta el eco en el horizonte duele,
porque en la noche más oscura se desvanece
el último adiós ligado al estío.

Duele respirar contra el viento
y el aire que revoluciona una sangre
que duerme insatisfecha en sus venas.

Duele la libertad del olvido,
el que amenaza con ser,
el que será.

ESCÚCHAME, la poeta a medias,
que no sabe sanar la enfermedad de vivir,
que la sufre y la hace andar inclinada.

Aquí estoy.

En lo que queda de mí
está mi grito,
mi lamento en mi anhelo,
mi deseo en mi sueño,
en la furia y en el silencio.

Quiero pedirte que te quedes
un tiempo,
una vida,
que me ames como si me hubiese ido,
sin castigarme con el olvido.

Quiéreme como yo no he sabido,
abraza mis contornos,
mis ojos,
mis miedos,
mi voz.

A veces
toda la poesía que quiero
eres tú.

ME GUSTA soñar
descalza de miedos de camino cansado
mientras todos duermen
al compás del sonoro paso del tiempo
bajo unas estrellas que iluminan
el aliento desgastado de un beso

y los fantasmas se reúnen bajo la luna
a comer caramelos sabor lactancia
y echar a suertes sin prejuicios
quién será el primero en visitar
mi minuto de sosiego en esta noche que se va
como se va la vida,
tan dramática,
tan cachonda,
tan injusta como poética.

MIS MANOS duelen.

En su sencillez, a veces se envalentonan
y se alzan buscando el horizonte.

Trabajan sin descanso por continuar,
por conquistar una vida que no llega.

Pero a menudo se sienten frustradas
porque solo consiguen golpearse contra sí mismas,

y están cansadas,
envejecidas y melancólicas,
mis manos.

Respiran
y sienten sus pulmones a rebosar.
Recobran fuerza para continuar
porque continuar es seguir haciendo la vida.

Hasta se permiten soñar

: ojalá,
y lo que sea que te encuentre
sea mejor de lo que ya conociste.

NO ABRAS los ojos.

He soñado tus manos,
entreabiertos tus labios solicitando
el silencio de mi cuerpo.

Tuyos serán mis dedos avanzando
por el placer de tu voz.

Tuya mi boca
y míos los párpados de tus ojos.

Tuyos los besos que deposite
sin dañarte
sobre el alféizar de tu alma.

Tuya la piel
que cubre mi carne buscándote
y encontrándote.

Y cuando mi cadera se alce
y tu abrazo cubra mi rostro,
la sal que bañe mis ojos
cerrados ahora
será también tuya

y tu voz lo será dentro de la mía
y mío
el placer de tus ojos cuando los abras.

Me estoy poniendo viejo
en este otoño que cruje
bajo el viento de mis suelas,

mas que la imaginación
no nos impida hacer de él
otro julio, otro agosto

o toda una vida juntos.

Cae la noche
y el silencio se hace oración.

Una pequeña luz deshace la oscuridad
y nace una espera y en ella,
una esperanza.

Esta es la historia de un bello romance.

Él se dirigía al frío del norte
en busca de un cielo que alcanzar.

Ella bajaba al sur, al sur,
a conocer los trajes de pizarra
y el agua que corre libre y sin prisa.

Se encontraron al costado del Ocejón
y en su sombra se abrigaron
y se amaron en una entrega apasionada
como si cumpliesen el último sueño.

Se escondieron de todos
y se dejaron llevar por la corriente,
por la vida,
sin preocuparse del mañana
y agradecidos del destino.

ESTABA en casa
absorta en las quejas de la lluvia
y las puertas encerradas al mundo
y en eso,

entraste tú

despeinado por el caminar indeciso del viento,
presumiendo de una tristeza feliz
con tu amor soplándome en la nuca
y un olor a violetas encendidas
embebido en el hambre de tu piel.

Imagino que no tenemos prisa,
que el tiempo se ha cansado
de correr en dirección contraria
y le hacemos el amor a la vida.

Despierto haciendo equilibrio
entre lo que sueño y vivo,
con una sonrisa en mis horas
y el vértigo colmando mi deseo,
porque soñar es otra forma de habitarte.

EL AGUA DEL BOSQUE es la sangre del poeta,

la misma agua que riega el cansancio
pensando que es más fácil distanciarse
sin obedecer esperanzas.

Memorizo el canto del vacío de las hojas
que tiemblan bajo mis letras
para saber dónde estuviste antes
y dónde no regresar.

Las lágrimas que se alejan
buscan consuelo en el aroma
de un cementerio de olvidos
y el hambre que de la sangre escapa,
un lugar donde empezar.

Seca el alma y aún puedo llorar.

SUPONGAMOS que te fuiste como el viento,
como quien se va y no sabe volver.

Supongamos que abro la ventana
y saco pensamientos dormidos
y florece el verso donde hicimos el amor,
donde el azul fue más azul
y donde el verde nunca fue tan verde.

Que esta voz, melancólica en sus adentros,
no es tuya, ni es mía
ni lo será de nadie.

Que el tiempo, torpe en su paso,
tropieza con el viento y se enreda ajeno,
siempre ajeno a mi espera,

se detiene,
rodea mi vida con sus brazos
y evita que me despierte antes de que lo haga el día,
antes de que el olvido teja su manta
y se desvanezca todo lo bueno que fue.

Supongamos que anochece en los versos
que envuelven el perfume que desprende tu horizonte,
y mientras un grillo canta sin miedo

yo te pienso.

ÉRASE UNA VEZ un verso roto.

Érase una vez el dolor de un poeta
con la ausencia pegada al pecho
y unas manos arañando lejanías,
creciéndole miedos que no educó
y unos sueños a los que llegar tarde.

Pasa las horas existiendo lo menos posible,
gritando su angustia en un susurro
con el que invita a su pasado,
su memoria,
sus recuerdos sin edad.

Colecciona ramos secos
en su habitación de cosas perdidas
y pensamientos ajados de otras fracturas
en su piel de cosas pendientes
que duelen lo que duele una vida.

Escribe para atraparte con su locura
y con los dedos aún posados sobre el silencio
tropieza con algo dentro de sí mismo
y siente el abrazo húmedo de sus lágrimas
incapaces de curar lo inolvidable,

porque lo difícil es vivir la vida del poema,
escribir viene luego.

Y tras enjugar sus nostalgias,
dibuja un columpio en el cielo
y se pasea por las nubes de un azul infinito.

CAMINA sola
mi soledad
hasta que tropiece con otra.

Tú acá
y yo tan lejos.

Quise abrazar tu boca
y me encontré la puerta cerrada
del amor que nunca pude desbaratar.

Qué hacer con la lluvia del pecho
y el rocío de la mañana que no amanece.

Echarme a la vida
y andar toda el agua del mundo
hasta regresar a los pulmones nuevamente.

Llorar de hambre nunca hizo el pan
ni más sabroso, ni más cercano.

La soledad se me revela dentro
y yo la increpo con mis versos más tristes

: ya lloré por todos.

CORRO OLVIDADA bajo el mar
en unas aguas que nunca me complacieron
respirando el eterno silencio
de los sueños que huyeron de mí.

Solo las palabras tengo,
que no llegan,
nunca llegan hasta ti,
haciéndome adicta a un tipo de tristeza
que me hace más sola que yo misma.

Las estrellas escapan de la noche
como sombras de mi penuria
y en mi infinita timidez
me expongo desnuda y confieso
que muero por vivirme,
tan perdida como olvidada.

QUÉ ABSURDA ES LA VIDA cuando se detiene
y ves suceder las cosas sin que pasen.

Dejas que te alcance
porque quieres sentir en tu piel
la mordedura de la libertad
y te escuecen los recuerdos
que en alguna parte aún guardas,
hasta hacer que descarriles
y seas presa fácil para el olvido.

Te abrazas.
Tomas aire
y le miras de frente,
con esa mirada que huye del agua,
obstinada,
terca y con un hambre
como para comértela de un solo bocado.

La vida y yo
tenemos una relación de confianza

: yo no me olvido de ella,
ella nunca me abandona.

DUELE la vida,
parásito de las horas distantes.

La risa que acaba en llanto
y la lágrima que se aleja del lagrimal
como la palabra lo hace del relato.

La voz,
la miseria,
la calma
que despega del corazón tardío
de quien sueña lento
y olvida ligero.

La belleza que se esconde,
el amor que no se posee
y la tristeza que se detiene.

Los días sin tu tiempo,
las noches a solas
y los versos inacabados.

Duele la poesía
para los que seguimos vivos
porque es pasión,
principio y fin
que hace desaparecer
las nubes de la vida.

CUANDO ME ABURRO por la noche
me invento pequeña
y me cubro de amores de mi madre.

Me abrazo sin prisa y me hago silencio,
otras veces palabra
o sentimiento que desemboca.

Me lleno de besos y en la oscuridad
dejo entreabierta la puerta del alma mía.

Oigo cómo se acerca el mar
mientras me vuelvo recuerdo
y es el agua la que hace vieja la sed
que recorre mi vida lenta
hasta desvanecerme en el olvido.

LA SOLEDAD, peligrosa en su vicio,
Trabaja en silencio y solitaria.

En el paso de los días
y el peso de las noches
te suspende en el aire y te aturde
en el sigilo con el que ella te habla.

Convierte tu cintura
en diálogos inapetentes
y tus ojos en nocturnidades
de ausencias y abismos.

Acostumbras a hablar menos
porque el cansancio es mayor
y mayor lo es también la distancia
entre tu soledad y el mundo.

Tengo miedo de quedarme
a solas con ella pero,
¿qué culpa tiene mi soledad
de que me guste viajar sola?

INSISTO EN DESDIBUJAR la nostalgia
que enmarca mis versos,
verter el dolor de la vida
en un más allá que no alcanzo.

Derrumbo el abrir de mis ojos
sobre aquel verano que tardea
en el que morí de amor
y hubo grillos y estrellas.

Encojo las manos
para hacer más grandes mis pechos
y que te sea más difícil errar
un beso o un daño en ellos.

Vuelvo a mi mutismo,
a mis imposibles
y abrazo mi vida
como mi vieja patria.

No hay poema ni deseo perenne
que pueda devolverme el amor.

AMANECE CON HAMBRE en los ojos el día,
y enciende la luz que hace distantes los tiempos
y de las vidas olvidadas
cometas que bailan al susurro del viento.

Habla de amor a mis embarazadas lágrimas,
de soledad melancólica harta de compañías,
de la dureza de utilizar en pasado los verbos,
del dolor hecho verso que no detiene
el recuerdo del beso cuando solo es beso.

El día se despide como si quisiera quedarse.
Se deja llevar por la somnolencia
y desaparece en el horizonte
antes de que empiece a ser triste
y me mate la ausencia.

Me acuesto mientras pienso en mis sentimientos
que aprendieron a moverse entre nubes imaginarias
donde la felicidad parece dibujarse.

Visito la última estrofa de mi vida
y en el borde de su sueño
hay un besarse despierto en un deseo
esperando ser abrazado.

VEO EL ROSTRO DEL AMOR que se va apagando,
embriagado sin haber bebido,
con el presentimiento de no haber comenzado
su verdadera historia.

Poso las manos sobre sus ojos abiertos,
bajo ellos una sombra de dolor antiguo
despertando recuerdos desordenadamente
para cerrárselos en esta página.

Qué absurda es la vida cuando se detiene.

ME SIENTO frente al silencio de mis horas
con esa madurez que dan los años sufridos
aun a riesgo de la soledad.

Completo de tatuajes mi piel
de una historia que me precede y acompaña
para ocultar los tropiezos y fracturas de mi vida.

Vida.

Tantas veces te he llamado durante noches
cuando las sombras se apoderaban de mí
buscando indefinidamente un alivio.

Pero todo eso quedó atrás,
he hecho las paces conmigo misma
y no he muerto

y el viento que sopla cada vez más frío
va llevándose los recuerdos, uno tras otro,
dolorosos como moratones.

El amor se adivina escondido en el verso,
el verso en el poema,
el poema lo es en el bolsillo de mi alma.

TUMBADA dentro de la noche
con las costillas apoyadas en el cielo
y el recuerdo de la calma de tu piel,

olvido cerrar mis ausencias
y sueño ser un abrazo esperándonos
y acabar mi mundo en tu pecho.

Ser toda y solo agua
y tu boca escanciando silencios
sobre las olas que hacen y deshacen.

Crecer como crece el arroz al cocer,
pegar en la lluvia un trozo de tristeza
y recomponer en el pecho pálpitos pasados.

Anhelo esperanzas que lleguen del mar
y el sabor que tiñen los sueños
que en mejores tiempos alcancé.

Atrapo el recuerdo que nace inmortal
y descanso mi soledad en el viento
con medio verso habitando mi boca.

Me enamoré de la destemplanza
que llora toda la amargura del alma
en una sola lágrima
al compás de una música triste
que ya no sabe de llantos.

Y sufro en mis carnes
un anciano rumor de nostalgias
que se vuelven pasto del olvido
esperando el abrigo de una lluvia
que vale lo que valen mis huesos.

Me permito soñar con el contacto perdido
y el frágil dolor del amor insatisfecho
destrozando el tiempo que queda
entre mis ausencias y unos versos
del amor cuando termina.

Nunca nos aprendimos de memoria
y te eché de menos sin aún conocerte.

No nos olvidaremos
y el sueño de un abrazo tuyo
habitará en mi pecho toda la vida.

Casi es mañana y no quiero irme.
No tengo donde ir con mis palabras.

Seca el alma mía
quizá llore el olvido en mi nombre
con la certeza de saberme inacabada.

YO NO TENGO el beso que vuela,
el sueño que descansa en la ventana
ni tengo el calor de nadie.

No tengo nada.

Temo haber perdido la memoria de vivir,
sobrevivir al olvido y sus mil refugios
y no saber contener las lágrimas gastadas.

A veces me traicionan los recuerdos,
evoco tu nombre en la oscuridad
que envuelve el insomnio de las horas
y me aprieta el alma
toda la fuerza del verano.

Creí que el dolor era mío
como mías lo eran las ausencias
que se añadían a las capas de piel muerta
de mis paisajes leídos.

El olvido duerme conmigo
meciéndome en un vaivén de soledad
y en su silencio me habla
con voz de mueble viejo
y amordaza mi vida en un verso.

Un murciélago acaricia el vacío
y vacila con ternura al describir
sedosas curvas bajo mi voz malva.

Buenas noches, tristeza.

AMANEZCO con una necesidad de olvido
más grande que mi propia vida.

Las palabras no acuden fácilmente a mí
y crezco las horas que besan el aire
sin saber si seguir o regresar,
inventando sueños y abrazos
que cuiden lo que llevo dentro.

La nostalgia llama a la puerta
y deja su gabán sobre el respaldo vacío.

Será ella mi sueño sólido,
el peso que soportan mis manos
y el dolor de mi alma cargada de culpables
que manchan de olvido mis ojos
y de penuria el aroma del aire que se lleva.

Vivo esféricamente estrellando los días
y dejo caer los párpados en un intento banal
de que la sal de mis lágrimas ahogue
la sombra del amor que termina
antes de que se me coagule la vida.

Ser poeta es mi concepción de estar sola.

Ojalá el viento no me alcance nunca.

TE PIENSO al abrigo de mi corazón
donde guardo las cosas que me importan,

la poesía que aún no ha salido,
el otoño que no cesa,
las islas invitadas,
un diente de león
y la lluvia atrapada en el tiempo.

Hay una mujer, infinita en mis adentros,
sueño sólido cuando las estrellas se extingan,
inacabada de hacer en su amor eterno

que hace suyo lo inolvidable
y del olvido
un ramo de flores en su pecho
y una lagartija verde en la mirada.

HAY UNA LUNA reflejada
en la melodía de una coreografía,
anónima y silenciosa,
casi fluida,
brillante como esfera de cristal
que se esconde detrás de un verso
y abre con sus curvas mi boca.

Creí que la luna era mía,
míos sus lunares y sus sombras,
sus modales trágicos y oscuros,
como yo lo soy de los pastos,
del río,
de la cadencia del agua que corre
y se detiene ante un beso tuyo.

Crecí eterna en mis calles
con una ausencia pegada a la vida
que me desbarataba el alma
y hacía mío
hasta el dolor que no vivo.

Estoy sola
y nunca se me pasará.

TE INVENTO cada noche
creciendo una estrella en tu costado
que ilumine el sótano de mi carencia,

un arcoíris, una luna, un cielo,
naranjas, malvas y rojos
y un sol a punto de adormecerse
que asolen la parte de memoria
de la cadencia de las distancias.

Te invento en un beso
que turbe el espíritu
y llene el vacío desolado,

en dos manos de nube
que vacilen su aliento sobre mí,
adelgacen mi alma
y recojan el agua que se evapora
de mi boca hasta tu boca.

Invento un amor habitable y eterno
sin ser consciente de lo caro
que me cuesta alimentar este sueño.

AYER
era andar flotante,
labios abiertos al viento,
agua despierta en el sueño,
mañana desnuda en lienzo celeste.

Hoy he amanecido en el mar,
perdida,
perdiéndote,
añorando praderas,
la brisa del unicornio.

Dolido monólogo.
Vuelo roto.
Aterrizaje imprevisto
sin piedad en el adentro.

Te alejas de mí
y las olas traen lo que soy

: alma intrusa en este mundo viudo
que se retuerce contra la vida
muriendo en silencios desolados
como muere un pez
en el más doloroso de los olvidos.

HOY, 4 de febrero de 2024,
el tema va de treses y cuatros.

He vuelto a mi pueblo después de tres meses (4 de noviembre)
y acaso no regrese hasta dentro de otros tres (4 de mayo).

Ayer (cuatro letras) había aire,
mucho aire que revoloteaba la risa.
Hoy (tres letras) solo hay sol
que mitiga el silencio que me inunda.

A simple vista todo sigue igual,
pero no es así

alguien ha enderezado la cruz
más de cien años torcida,
faltan las dos campanas
y me faltas tú.

Qué tiene la vida
que por lo mismo que ríe el alma,
al poco llora.

Se ha perdido la cana
que azotaba el aire
y quedo yo,
nadando en la luz y la pena
que me llora en el alba.

Porque dos sombras son mejor que una,
aunque la suma de ambas sea tres.

ME SURGE un verso
en el costado doliente
de un pensamiento incómodo
que se ha cosido a mis días,
a mis noches,
a mis sueños

y sigue ahí,
como un goteo sobre mi piel
que atraviesa el fantasma
del grito que lleva tu nombre
y da paso a la noche
sin saber cuánta noche.

Un verso ensimismado
como nube corre por el cielo
que no hay quien atrape.

Un verso que pide asilo
y soledad al mismo tiempo,
como esos insólitos amores
que se empeñan en quedar bien
aun sabiendo que no es posible.

Un verso que se pregunta
si fuiste amor o algo que acabara
con el vacío de un duelo.

Un verso con la tendencia inacabada
a nacer y desaparecer en mí.

TE BUSQUÉ en el aire,
en la luna roja,
las aguas templadas,
la piel del melocotón,
en la inocencia del alba,
los paisajes llenos de cielo

y buscando te hallé
en la fuerte debilidad
de mis manos culpables,
el calor de mi vientre,
en la muchacha olvidada
que habita los peces voladores.

QUISIERA descubrir la belleza
que guarda la fascinación del vacío
y las renuncias y despedidas
que encierran las ausencias.

Busco en las calles solitarias
las lágrimas que vertí en tu nombre
escribiendo tu silencio
y hallo charcos de lluvia
donde ya no estás tú.

Vuelvo del olvido
a mi campo de amapolas
y me culpo por quererte tanto.

Me presento a la lluvia
para que ella se presente ante mí
y en la elegancia de unas horas
escribo sobre ti
cosas que nunca te enviaré.

Eso haré esta noche, de agua y luna.

DIBUJO una ventana
en la viudez de mi carne

y vuelan las mariposas
y la sangre es agua
donde nadan los peces,
y los versos besos
que te lloran de menos.

Subo a la montaña
buscando tu voz

y llueve la herida
que recuerda tu boca,
y bebo tu nombre
y me enveneno del charco
donde lavo mi pena.

Prometo olvidarte
y a la nada regreso.

SI AL LLEGAR la noche en tu vida
sientes en tu pecho el beso de la luna,
la magia de un cielo inacabado,
la soledad que reza el cementerio,
el viento abrazado a tu silencio,
el olvido de las estaciones,
el mar que no cesa en sus olas,
las mariposas anidando en tu vientre,
la risa estrellada de tu madre,
tus sueños de niño,
la mirada del otro,
la lluvia sobre el tejado,
la afonía de una despedida,
mi amor dentro de tu mano;

no tengas miedo.

Si aún ves la primavera creciendo en ti
y bebes las lágrimas que rebosan tus pestañas,
es que eres poesía.

TRATO DE ESCRIBIR en la oscuridad
el hallazgo de un abrazo
que sea argumento contra toda soledad

y aceptar que las horas pasan
siendo todo posible
sin que nada ocurra,

cerrar los ojos
y salir un rato que dure siempre
de todos los nombres que en mí habitan,

apagar los sueños
y escribir
antes de que se me olvide cómo se amaba.

Todo el silencio de la noche arde mi piel,

su aliento mantenido
en esta oscuridad en que nada duerme
pesa en los daños,

ni las sombras desoladas,
ni la luna en su sueño eterno
consiguen evitar la liturgia de las costumbres

y no quiero más dolor que el que sentí
cuando descubrí que esto era vivir.

La mañana desnuda me descubre
buscando en mí los deseos
de interesarme por este mundo.

A lo lejos,
: el olvido.

VERDE EL AMOR que te tengo.

Verde agua.

Verde el placer que conoce el recuerdo,
que se hace nube y anida en el cielo.

Mi verso en ti despierta, te acaricia
con cada palabra e incita al deseo.

Verde el mar y verde el agua.

Verde tu mirada que escapa al olvido,
que goza y se rinde en tu verde aurora
y hace del gemido de tu cuerpo
el más caprichoso de los suspiros.

Verde la calma
y verde agua los dedos del poeta
que andan tu piel inagotable.

Verdes tus curvas ocultas,
que se dibujan en mis ojos golosos
y verde del agua su espuma
que hace eterna la luna desnuda.

Verde la noche,
ciega como un deseo
en que te invento a mi antojo.

Y verde el viento
y verde mi pecho,
delgado y redondo,
apetecido y tierno
ardiendo en tu beso.

ATESORO cada anochecer
el silencio que guarda el llanto
de todos los nombres propios
que habitan el hueco de mi seno.

Hay una llama encendida en mí
que intenta sacarme de la herida
y hacer de las cicatrices de nosotros
una claridad en el tamaño de mi eco
que no es otro que mi propio vacío.

Tengo un par de dolores en el alma
que no se me van
: tener que irme con mis andrajos
y ser a quien más olvido.

DESNUDO la noche lentamente
descubriendo del aire
cosas que los demás no ven
y con su seda escribo tu nombre
que apareció con el insomnio
en una mañana del primer mes.

Mi cuerpo dentro de tu cuerpo
preservándonos de la infelicidad.

Mi voz dentro de tu voz
cerrando los ojos con tus besos
y separando mi alma
de la estación de las ausencias.

Morir en tu boca y volver a nacer
para otra vez beber
el agua fresca de amarte.

Desnudo tu nombre en los días de viento
viviendo que ya no estás a mi lado.

Mañana me convertiré en promesa.

DEJÉ CAER mi corazón
pinté mi aliento de rojo cereza
y con mi voz desnuda
salí al mundo
latiendo
sola
para vivir que ya no estás
desgastando la nostalgia
que diluye el aire.

Pensé que eras primavera
en este cielo enemigo
y en nuestros rincones rotos
aprendí a ser fuerte,
a encontrar consuelos
y hacerme la pregunta
que nace callada
entre temor y deseo

: qué fui antes de ser olvido.

De apellido, melancolía.
El nombre, no se sabe.

QUÉ HAY en la locura
en el mar que habita en sus olas,
en la tristeza que alcanza mi desnudez perfumada
que espera
y en su espera, se hace eterno
el silencio que no puede decirse con palabras.

Qué le faltan a mis manos vacías
de rosarios desbaratados
y de ojos quebrados, dolientes,
cansadas de sostener tu nombre
y todo el aire, y toda una vida.

Qué miedo tiene mi cuerpo,
herido y desplumado en sus tropiezos,
miedo a las agitaciones mentales
que acorralan el olvido
y toda voz, y toda calma.

Qué hay de ti y de mí,
olvidándonos en la memoria,
convirtiéndonos en hoja pasada de moda
y haciendo de las llagas de nuestra piel
la más dulce de las quemaduras.

SOY SOLITARIA como el tiempo.

Me perdí en las horas y cuando me encontré,
mi antigua boca de color ciruela estaba fría
y la vida que me contenía, cansada
y ya no quise saber de nadie nada.

Dejé que el viento alcanzara mi vacío
cosido en mí al lamento de tu nombre
y mis viejos posos azules
hicieron palidecer mis pulmones.

La voz del silencio me sacude
y veo el olvido lloviendo sobre mi mundo
como estrellas que se acaban en un horizonte
en el que pensar en ti no tiene sentido.

Y es ahora que le hablo al aire
por qué no me deja el viento soñar una isla
donde el amor que llevo se me olvide
y mi herida marche.

CORRO FAMÉLICA tras el viento
rompiendo dolores gastados en su historia
y persiguiendo besos que me abracen el alma

y una parte de mi locura te atrapa
y una parte de la tuya me engancha.

Cierro los ojos
con mis lágrimas yéndose de sus pestañas
y recuerdo cuando el cielo estuvo en mí.

Floto con tu amor dentro del agua
y me hago la muerta,

me hago voz dentro de tu voz
y lengua que se adentra en tu boca,
isla desnuda concentrada en tu nombre.

La noche acaba por herirme el rostro
y los astros y el azul de los peces.

La agitación que me acompaña
hace que piense demasiado y despierta
el olvido que duerme en mi garganta

y hago pie
donde una vez fui corriente.

CUANDO ME MIRAS y me ves,
me ves dibujada en el viento,
lejos de memorias y artificios
que no despierten palabras,

soñando azules
y escribiendo voladuras
que terminan en ti.

Cuando me ves
y mis ojos te ven,
no hay nada que decir.

APRETADA a la noche del poema
te escribo

con esta voz mía tan en calma
que no es voz sino silencio del aire
y contacto de un futuro perdido,

triste
y en versos que no conoces
ni llegarás a comprender,

sanando mis temores
que sangran por donde respiran las palabras
y duelen como herida que no cierra,

tal vez evitando mi gran vacío
por saberte solo y lejano
y no haber modo de acercarme.

De pie en la oscuridad
me va abandonando el calor
e invadiéndome el olvido.

LAS VOCES me preguntan
dónde está mi vida,
qué he hecho del pacto
en que me propuse amarla,
respetarla y cuidarla,

qué de hermoso queda dentro
si hasta el aprecio se me va
y temo perderme
y ver morir al poeta.

Me sumerjo en las horas
sin conseguir hacer pie
y me entrego al olvido
como nube cansada de volar.

ME DORMÍ
con los dedos yaciendo
sobre el verso inacabado
y las lágrimas congeladas
sobre la tinta escurridiza.

Piedra negra.
Un nombre.
Dos fechas.
Ángeles cincelados.
Los ojos en tus manos.

La oscuridad nos separa
intentando robar mi calor
y el aire se aplasta vertical
contra un cielo sin casas
y nubes negras como tu traje.

Ahora soy libre de rostros,
libres mis pies y mis dedos
y mis sílabas sin umbrales
corren por los prados
y saltan como peces las olas.

No es fácil despertar.

ALGUNA VEZ me iré
como quien quiere irse,
sin acordarme de mirar atrás,
el viento llevándome
y yo dejándome llevar.

A medio salto hacia la luz
con lágrimas inocentes
y como si no pasara nada,
me pregunto quién leerá mis silencios
acumulados en las ortigas que crecen.

Me vestiré con mis cenizas
y una niebla azul en mis párpados,
y en el eco del último latido
aprenderé a dormir
sin pedir ayuda a nadie.

HUELES A LLUVIA naciente
que gota tras gota
pinta de azules y malvas
las briznas tristísimas
de las cosas que guardo.

Me hablas del sol,
de la luna rezagada
y el dulce soplo de tu voz
desaparece del sueño
para crecer en mi jardín.

Con el carmín en el llanto
me transformo en palabra
y cosecho realidades
que me arrancan del delirio
de estar hechos de olvido.

MI VOZ se secó en medio del canto.

La tristeza se traga el silencio vencido
y yo me desnudo en la palabra que me abriga
y me entrego y me pierdo en la inspiración
que se estremece en el agua verde
en el que cae y bebe.

No serán de otros mis versos,
ni los besos que dibujan azules en el viento,
ni crecerán las flores en la noche que se cierra.

Ojalá pudiera hacer de la alegría mis días
y del poema mi cuerpo.

LA SOLEDAD desnudada.

El rostro que se rompe.

El agua que se abre.

El viento sale de la casa,
se aleja de la vecindad de mis frases
y se esconde en la luz desolada
que huye de la forma de mi silencio
y encuentra hogar en otro acantilado.

Salgo al viento
y paseo mi mano por las delicias
con el dolor hundido en mis huesos
por haber olvidado andar,
por no saber vivir.

Llego al mar
y el agua nada en mí.

EL TIEMPO que me envuelve
yace dormido,
frío en su hacer y negro
como promesa castrada.

Quisiera quedarme más tiempo,
deslizarme entre las sábanas de este mundo
y hacerle el amor a esta noche
herida y deshabitada,

hacer desaparecer el silencio
que se oculta entre nosotros
y salvar el poema.

El resto es olvido.

ANDO descalza
sobre los besos mojados de tu agua
y mis manos sujetan el mar que crece
sin saber en mi vientre.

Me adentro en la noche
y el hervor de las aguas que bullen
salpican y hieren mi silencio
y prenden en mis labios el azul más profundo.

No me preguntes qué pasó anoche,
hice mi viaje en tu beso
y mientras regresaba a mi casa,
no estaba ocioso el mar.

PESA EL AGUA que en el semblante llueve,
monótona y discreta en su pendiente.

Mi alma se empapa como esponja triste,
se da a llorar sin conocer sosiego.

Busco tu pecho tibio que aún me quiere
y tu desnudez es quien me seduce
y yo quien sueño y amo tus silencios.

Después del beso suave brota el agua.

Vierto una lágrima que huye de mí,
una sola la que duele en mi boca.

Ahoga el ojo, ahoga el cielo
y mi alma no merece tanto peso.

VIGÍLAME EL VERSO cuando cambie el viento,
cuando me canse de mis palabras usadas,
la querencia se aleje
y mi voz torne lenta y pesada,

cuando desaparezcan los veranos de mi vida,
se oculte la luna en el azul perfumado,
mi grito oprima mi boca
y la tristeza se vierta en mis ojos.

Temo las curvas de mis cansancios,
el abandono de los nombres que me habitan
y no confieso,
las olas que me alcanzan cuando cierro mis mundos
y no me regresan,

mi cabeza llena de agua,
de viento,
mi cuerpo cuando yace solo tendido en la vigilia,

no desear,
no suspirar,
no despertar,
no ser,

hacer mío el olvido
y perderme como viuda desdibujada
en la yerba que crece un poco más azul que mi cielo,

perderme en el azul del nomeolvides.

NADIE PUEDE vivir por mí.

Una noche la última lluvia,
quieta, y en un dulce susurro,
se llevará mi sueño en su beso.

Sola como la montaña que atesora el roble
y los tréboles que viajan en el silencio,
inerte como el olvido,
me dormiré en mi lecho celeste
y no sabré cómo despertar.

OH, olvido…

Esta hora es la hora
en que mi sangre no anda
y mi cuerpo no arde.

Tu beso tembloroso
se alarga en mi pecho
y la tristeza se desprende
de la lágrima que me baña.

Una estrella se ha postrado
en la desnudez de mi lecho
agotado, rendido y macilento
y en sus huesos destejidos.

Mis labios se adormecen
pronunciando un silencio
y los versos se afilan en mi boca
esperando, ya esperando.

MI VOZ es aire que vuela tras las horas,
tras la luna que corre
hacia un sol que no se deja atrapar.

Mis ojos son fuente de agua
que da de beber,
agua que bebe y se sacia del agua.

Vuelo y en el vuelo se cansan mis alas,
mis plumas cortan el viento
que las castiga y deshilacha.

Bebo y mi corazón baila sin partitura,
quiero comer de tu boca la fruta
y hacer del verso el beso que te bese.

Cuido mi soledad, el alma mía,
sin disfrazar el viento ni el mar
ni la yerba verde que crece.

Quiero verte y quererte
y vivir la vida
con la palabra en mi vientre.

HABÍA una montaña.

En la montaña un roble solitario
y bajo el roble,
una alfombra de pétalos azules
dibujando un beso descuidado
atrapado en el tiempo.

Me quedé quieta,
con los dedos aún caídos
sobre una esperanza.

Respiré hondo
y decenas de iniciales
acamparon en mi impaciencia.

Miré el azul de un cielo que espera,
sereno y educado en su seno.

Pensé en mis compañeros de viaje,
soledad y silencio,
y no pude evitar preguntarme

: cuándo.

Una lluvia cálida comenzó en la tarde.

Refugié mis pensamientos bajo el roble
y me dejé acariciar el ánimo con su dulzura.

Nada podría ser igual sin sus ramas.

Me recosté en sus raíces
y en su abrazo de padre
se fue durmiendo mi pena.

Alargué mis dedos
y acerté a coger una flor
y hacerla beso dentro de mi alma.

No tuve miedo ni nostalgias
al pronunciar con voz apagada
la palabra que acompaña mi vida

: nomeolvides

Epílogo

Ninguno de los ojos que no me miran son de mi padre.

Me sorprendo buscándolos de día y son ellos quienes me encuentran de noche.

Luego serán los ojos de mi madre los que busque por todas las estaciones estivales.

Desde mi asiento en el autobús solo atisbo cabezas bajas de párpados estáticos como marionetas que penden de sus móviles.

Me llama la atención un joven de tez oscura y manos avergonzadas por el frío y el duro trabajo.

Y es la esperanza que irradia su mirada ausente la única que viaja fuera, más allá de la frontera de la ventanilla.

Me pregunto qué piensan sus ojos: ¿se arrepentirán de haber dejado a su familia atrás, temerán el olvido, un matrimonio concertado, conseguirán el permiso de residencia que le permita reconducir su vida, estarán cansados de la vida como lo estoy yo misma, pensarán si tendrán que añadir un huevo a la comida o bastará con las sobras de ayer, hará mañana más frío que hoy o, simplemente, qué será lo primero que hagan cuando llegue el calor?

Un momento... Cojo mi teléfono y escribo un mensaje: «¿Eres tú?».

El joven regresa.

Se lleva la mano al bolsillo de su cazadora de paño y abre el móvil.

ÍNDICE

Eva Pérez Fernández

Dos meses tenía de vida la primavera cuando me concibieron y dos meses 1973 cuando nací mujer. Mi padre me llamó Esther, mi madre Rosa Eva.

Hija del frío y de Burgos, cabeza de Castilla y tierras del Cid.

Contaba diecisiete años cuando vieron la luz mis primeros versos. Antes supe de amores. Después aprendí más letras: Diplomatura en Gestión y Administración Pública en la Universidad de Burgos porque, al contrario que el Campeador, yo no me tuve que ir.

En 2021 mis poemas dejaron de ser secreto. Parnass Ediciones publicó mi primer poemario *Los paisajes de mi piel* y, como sucede con los hijos, el primero abrió camino al segundo. En 2022 se publicó *Bajo la voz del silencio* con el mismo sello editorial.

Mis versos han cruzado el Atlántico para ser publicados en *Nagarimagazine*, revista de creación para los latinos de EE.UU. (2023), y en *Culdbura* (2023) y *Caleidoscopio* (2024), ambas revistas culturales de Burgos.

El lunes ha dejado de ser tedioso, los encuentros en La Petenera son sinónimo de tertulia y humor entre amigos. Y al lunes le sigue el jueves, los tertulianos de *Caleidoscopio* nos reunimos en Masala para compartir y comentar lecturas.

Vivo y viajo con mis poemas bajo el brazo y colaboro en cuantos clubs de lectura, recitales, presentaciones, entrevistas y programas de radio me soliciten, como 'Poesía eres tú'. Formo parte de la Fonoteca Española de Poesía. Mi billetera rebosa sentimiento y gratitud.

De día trabajo como boba y escribo por las noches, así cubro las dos necesidades de esta vida caduca y con lo que gane de poeta me gustaría comprarme una montaña y sobre la montaña un roble de profundas raíces.

La soledad dio paso al silencio que, al igual que el olvido, al nombrarlo desaparece. Cuando mi cuerpo torne y mi alma quede enredada, se alzará mi voz en íntimo canto para pedirte: «nomeolvides».

instagram.com/eva.perez.fernandez

parnassediciones.com
instagram.com/parnassedicions
facebook.com/parnassedicionesbcn
twitter.com/parnass_ed